Spuren

"Spuren" ist eine Anthologie von Gedichten, die sich in den Freundschaften, der Nähe und Liebe begegnen. Mit viel Sinn für die Gedanken und Gefühle, Sehnsüchte und Sinnlichkeiten, Vorstellungen und Visionen, die dem Verständnis der besonderen Augenblicke des Lebens unterliegen, werden unerfüllte und erfüllte Träume gezeichnet, die über die Ästhetik der Sprache Ausdruck unseres Lebens sind. Neben der Schönheit des Begehrens und der Zuversicht des genießenden Moments finden auch schmerzvolle Erfahrungen, Leiden und Leidenschaften Einzug in die Herzen der Leserinnen und Leser.

"Spuren" ist eine Antwort auf die Einzigartigkeit des Augenblicks, die Identität der Begegnung und die Authentizität der Liebe.

Für M.

Cordelia van Dyke

Spuren

Erzählungen und Lyrik

Bibliografische Information der Deutschen National-bibliothek:
Die Deutsche Nationalbibliothek verzeichnet diese Publikation in der Deutschen Nationalbibliografie; detaillierte bibliografische Daten sind im Internet über http://dnb.dnb.de abrufbar.

© 2016 Cordelia van Dyke

Illustration: Cordelia van Dyke

Kontakt: Cordelia.vanDyke@gmail.com

Herstellung und Verlag: BoD – Books on Demand, Norderstedt

ISBN: 978-3-7412-2258-0

Inhaltsverzeichnis

ich möchte	7
du	8
hermeneutik	9
meine träne	10
unser tag	11
dein kurs	12
als du gingst	13
gespräch	14
jetzt weiß ich es wieder	15
diese nähe	16
nur du	17
liebster	18
wenn die nacht fällt – I	20
wo warst du nur	21
wir sind	22
wo bist du	24
sonne über deinem haus	25
halt mich fest	26
an deiner seite	27
wenn die nacht fällt – II	28
einmal	29
wenn sie da sind	30

wenn nun 31
wenn du da bist 32
und habe doch 33
vielleicht 34
deine augen 36
über der stadt 37
die welt 38
memento mori 39
mein weg zu dir – I 40
mein weg zu dir – II 42
mein weg zu dir – III 43
mein herz ist schwer 44
mein dank 45
heute nacht [fragment I] 46
heute nacht [fragment II] 47
heute nacht [fragment III] 49
heute nacht [fragment IV] 50
heute nacht [fragment V] 52

Cordelia van Dyke: Spuren

ich möchte

ich möchte
dem duft deiner haare verfallen
deine nähe spüren
deine hand halten
und deinen blicken folgen

ich möchte
das klopfen deines herzens fühlen
auf meiner brust
und die träne küssen
die aus deinem auge fällt

ich möchte
das atmen deines geistes hören
deinen gesprächen lauschen
deine wange streichen
und deinen mund berühren

ich möchte
das wirken deines wesens teilen
deine kraft erkämpfen
an deiner seite stehen
und mit dir gehen

auf deinem weg

Cordelia van Dyke: Spuren

du

dein haar zu spüren
auf meiner haut
dein gesicht wange an wange
an mich gelehnt
dein arm umfasst mich sanft
dein blick streift mich ergreifend
was haben wir nur
getan

deine nähe zu fühlen
an diesem tag
dein lächeln wie verzeihend
alles unrecht dieser welt
auch der zug der verletzlichkeit
in deinen augen
reißt mich wieder fort
wo bist du nur, wo gehst du
hin

deine augen zu führen
auf mein gewand
dein gesicht zu suchen
unter allen anderen
deine hand in meiner hand
unter dem schutze deines schirms
gehen wir allein
dorthin

Cordelia van Dyke: Spuren

hermeneutik

ich weiß es
ich verstehe dich
ich erkenne mich

ich erspüre dich
ich erfühle mich
ich erahne es

ich erinnere mich
ich entdecke es
ich entführe dich

Cordelia van Dyke: Spuren

meine träne

meine träne
fällt auf dein haar
streichelt, liebkost es
weil ich es nicht darf

meine sehnsucht
berührt deinen mund
wärmt und herzt ihn
weil ich es nicht darf

meine gedanken
umgeben dein antlitz
suchen, erkunden es
weil ich es nicht darf

meine liebe
eilt zu deiner seele
umfasst und umarmt sie
weil ich es nicht darf

wo bist du
wohin
gehst du nur
mit mir

Cordelia van Dyke: Spuren

unser tag

und der tag beginnt
und dein blick ruh´t leis´
im raum, verweilt
sanft lächelnd schon
verliert sich nun doch
fragend, suchend
doch die antwort blieb
mein gesicht dir schuldig

und als du gingst
verspüre ich
wie etwas bricht
doch neu entsteht
und jener tag
war nicht wie alles
was vorher uns
so still verbunden

denn plötzlich wurde
es mehr als nur
respekt und achtung
vertrauen und nähe
es war als ob
wir aneinander
gefesselt
gebunden
für immer vereint

Cordelia van Dyke: Spuren

dein kurs

du kamst
und sahst
und ließest
deine liebe

bei uns
im kurs
der kulturen
dieser welt

du hattest
uns gefangen
im diskurs
der poesie

und nahmst
sanft meine hand
und erobertest
den raum

nun schreite ich
wissend
verstehend
vergebend

alles unrecht
dieser welt

Cordelia van Dyke: Spuren

als du gingst

als du gingst
nichts hinterließest
nur unsere fragen
und einen traum

da stand ich weinend
und war verloren
war nicht geborgen
und doch so stark

nun weiß ich dass
du wieder kommen wirst
dass du den zweiten
traum nun hier

bei mir gelassen
ihn zu bewahren
mir anvertrautest
ich will ihn hüten

Cordelia van Dyke: Spuren

gespräch

deinen namen
in meinem geist
aufzufangen
heute schon
auf dass wir singen
leicht vergnügt
und doch beschwert
mit der last der zeit
...

als ob wir kamen
doch nun verwaist
die glocken klangen
fast nun wie hohn
werden wir ringen
doch nicht besiegt
und nie verkehrt
warst du bereit
...

Cordelia van Dyke: Spuren

jetzt weiß ich es wieder

*jetzt weiß ich es wieder
wo ich dich gesehn
vor langer zeit
in einem wunderbaren
traum*

*jetzt weiß ich es wieder
wohin wir gehen müssen
in ferner zeit
in jener grenzenlosen
welt*

*jetzt weiß ich es wieder
warum wir uns so nah
in dieser zeit
in jener einsamen
suche*

*jetzt weiß ich es wieder
warum wir einander vertraut
während jener zeit
in dieser verzweifelten
überwindung*

*jetzt weiß ich es wieder
wie ich dich geliebt
alle zeit
dieser welt
in deinem raum*

Cordelia van Dyke: Spuren

diese nähe

ist diese
nähe
ein bruch
der konvention
jeder
jeglicher
distanz
zwischen uns

oder nur
der zufall
eines günstigen
augenblicks
den wir
so lange
gesucht
vermisst

nun leben
nun endlich
können wir
umfassen
beschreiten
es ist
keine frage
der zeit

Cordelia van Dyke: Spuren

nur du

als du damals
deinen geist
deine güte
und deine nähe
dein liebe
deine schönheit
und deine
kultur

legtest
in meine hände
offenbartest
in meine zweifel
überwandest
meine furcht
und meine
unbestimmte
suche

da wusste ich schon
nur du niemand anders
würdest mich
versteh'n
nur du und deine liebe
würden mich
einst erretten

Cordelia van Dyke: Spuren

liebster

liebster
wo sind sie
wo waren sie
nur

liebster
ich weiß
ich weiß es
doch längst

liebster
einmal
nur ein einziges
mal

liebster
bei ihnen
bei ihnen allen
zu sein

liebster
warum
warum schweigen
sie noch

Cordelia van Dyke: Spuren

*liebster
ich darf
ich darf es nicht
sagen*

*liebster
begleitet
und beschützt
sind sie nun*

*liebster
gesegnet
und geliebt
werden sie sein*

*für immer
auch wenn
ich einst
nicht mehr
bin*

Cordelia van Dyke: Spuren

wenn die nacht fällt - I

wenn die nacht fällt
und die sterne bersten
wenn die nacht fällt
und der wind beginnt zu weinen
wenn die nacht fällt
und die blätter fallen zur erde
tröstend suchend
den schutz ihrer mutter
wenn die nacht beginnt zu wärmen
weil der tag unendlich kühl
wenn die nacht beginnt zu schwärmen
weil der tag vernichtend dunkel
wenn die nacht sich dir vereint
und deine seele den vater bittet
wenn die sehnsucht uns nicht mehr aufhält
eilen wir fortan hinaus
werden zusammen schreiten
auf der terasse
des himmlischen vaters
und des regens
der wie lieblicher tau
erfrischt die lebenden
oh liebster bald
sind wir vereint

Cordelia van Dyke: Spuren

wo warst du nur

*wo warst du nur
all die zeit
da ich schmachtend verging
ließest mich hier
allein, fast vergessen
die ganze zeit
schien unendlich zu sein*

*nun bist du gekommen
hast mich beschützt
und umfangen wie einst
sie war niemals fort
uns're freundschaft von damals
da wir nun verbunden
nur du und ich*

*warum hast du nie
ein wort gesagt
und den augenblick
festgehalten
in deiner hand
in deinem herzen
warum*

*es hätte
mir so viel
gegeben*

Cordelia van Dyke: Spuren

wir sind

was haben wir
nur
getan
als wir einst
diesen weg
beschlossen
gemeinsam
zu gehen

was haben wir
alles
gegeben
als wir schritten
die gedanken
deines raumes
deiner liebe
in jener zeit

was haben wir doch
gewonnen
als wir suchten
einen halt
für uns
und für andere
die kämpfen

Cordelia van Dyke: Spuren

es war gut
und wird
nicht vergeblich
sein

denn die kraft
deiner liebe
wird uns retten

vielleicht
auch mich
einst dann

Cordelia van Dyke: Spuren

wo bist du

wo bist du nur
wie lange schon
warten wir deiner
sehnsüchtig verzehrend
nach der wärme deiner augen
nach dem duft deines haares
nach der lieblichkeit deiner haut
nach der verletzlichkeit
in deiner stimme
die so ausdrucksvoll
so umfassend und nachhaltig
so bezeichnend kämpferisch
und doch so sanft
uns begleitet
uns bestärkt
und uns stützend
umgibt
...

wie wunderbar
...

komm bald zurück
und reich uns deine hand
zum trost für das unrecht
und zum schutz vor angriffen
...

Cordelia van Dyke: Spuren

sonne über deinem haus

heute morgen schien
die sonne
über
deinem haus
ihre strahlen
auszubreiten
so liebevoll
als ob sie dir
sagen möchte
wo bist du und
warum
gingst du denn fort
komm bald wieder hier
an diesen platz zurück
der dir ganz gehört
und sieh wie schön
sie lächelt mit uns

...
es ist glück
und ein hauch
von
ewigkeit
für dich

Cordelia van Dyke: Spuren

halt mich fest

halt mich
fest
stütze mich
sanft
aber nachhaltig

und berate
mich
lass nicht
ab
von mir

lass mich nicht
allein
ich
bedarf
deiner
so

bin
fast hilflos
ohne
dein wirken
deine kraft
…

Cordelia van Dyke: Spuren

an deiner seite

lass mich nicht ziehen
meinen weg
halte mich fest
so wie ich bin
in deinen gedanken ...

lass mich nicht wenden
meinen weg
heb mich auf
so wie ich bin
in deiner hand ...

lass mich kämpfen
so wie du
es einst getan
als alles
noch
unentschieden ...

vielleicht
ist es auch jetzt
noch
unbestimmt
halt mich fest
heb mich auf
im kampf
an deiner seite

Cordelia van Dyke: Spuren

wenn die nacht fällt - II

*wenn die nacht fällt
und die sterne verblassen
wenn die nacht fällt
und meine seele deinen namen ruft
wird meine hand die deine ergreifen
werden meine augen aufschauen zu dir*

*wenn die nacht fällt
und die sterne versterben
wenn die nacht fällt
und meine lippen den wunsch flüstern
werde ich da sein für dich
werde ich deinen namen rufen*

Cordelia van Dyke: Spuren

einmal

eines tages
wird das
was ich erlebt
zwar nicht vergessen
aber gesühnt werden

weil wir alle
gemeinsam
nur zu finden brauchten
den glauben
an die welt

eines tages
wird das
was ich erfahren
zwar nicht verloren
aber verziehen werden

weil wir alle
allein für uns
nur zu schreiten brauchten
diesen weg
in die zeit

Cordelia van Dyke: Spuren

wenn sie da sind

*wenn sie kommen
wird die welt lächeln
und die sonne tanzen
und die menschen werden
mut finden
aufzustehn*

*wenn sie sprechen
wird die welt inne halten
und die sterne flüstern
und die berge werden
sich an den händen fassen
zum reigen*

*wenn sie schreiten
wird die welt eilen
und der himmel plaudern
und die tiere werden
sprechen über den tag*

*da sie kommen werden
endlich
und uns wieder kraft geben
und uns ermutigen
da sie da sind – endlich –
an jenem wunderbaren
einzigartigen tag*

Cordelia van Dyke: Spuren

wenn nun

*wenn nun
dies alles
vergeht
und ich
verbleibe
bis dahin
flüchtig
obschon*

*dann weiß ich
dass wir
gemeinsam
schreiten
diesen weg
nur wir
niemand
sonst*

Cordelia van Dyke: Spuren

wenn du da bist

wenn du meine
hand hältst
werde ich ruhiger
denn deine kraft
verleiht mir schutz

wenn du meine
augen streifst
werde ich sanfter
denn dein liebreiz
schenkt mir güte

wenn du meine
gedanken fühlst
werde ich weicher
denn dein intellekt
offenbart mir schönheit

wenn du meine
nähe berührst
werde ich leichter
denn deine liebe
bietet mir stärke

und dein bewusstsein
lehrt mich gewinnen
und lässt mich fühlen
was ich entbehrt

Cordelia van Dyke: Spuren

und habe doch

und habe doch
niemals gezweifelt
obwohl der weg
steinig und hart
und so weit
vor uns lag

wird jetzt nicht kürzer
er wird nicht schmaler
und der entscheidungen
werden viele
aber er wird zur probe

dass wir lernen
dass wir empfinden
dass wir fühlen
dass wir nicht aufgeben

ich weiß es jetzt
und danke dir
halt mich fest
...

Cordelia van Dyke: Spuren

vielleicht

vielleicht
werde ich
morgen gehen
und seh'n

die lieblichen
zärtlichen
knospen
die sich

verirrt
wie ich
an den zweigen
der bäume

die leise
fast verstohlen
flüstern
wie schön

es heute
in diesem
flüchtigen
moment

Cordelia van Dyke: Spuren

soll ich es
erhaschen
festhalten
statt deiner

in einem bild
einem vers
vielleicht
in beidem

und doch
wird es sich
unterscheiden

wie unsere gedanken
die es uns erlauben
grenzen
zu überschreiten

es ist schön
einfach
nur schön

Cordelia van Dyke: Spuren

deine augen

deine augen
lieblich
wie immer
unendlich schön
die meinen
suchen zärtlich
deinen liebevollen
blick

und wie sehnsucht
ruht
meine hand
in deinem haar
und meine wange
leise
an die deine
sich schmiegt

und mein mund
schweigt
und unsere lippen
suchen
und finden sich
werden sich
endlich
vereinen
...

Cordelia van Dyke: Spuren

über der stadt
[fragment]

...
dann
singt die welt
und die sterne tanzen
und die sonne erstrahlt
lächelnd
verzeihend
bittend
über der stadt

in deinen armen
zu liegen
an diesem tag
wenn du mich umfasst
in unseren seelen
lesend
verbinden sich
dann
unsere herzen
beschützen
das gute

und mein gruß
ist mit dir
einst
über der stadt

Cordelia van Dyke: Spuren

die welt

deine augen
dein haar
dein körper
deine lippen
deine nähe
dein bewusstsein
dein geist
dein wirken
deine kraft
deine stärke
deine liebe

werden teilen
bewahren
erhalten
sie
und mich
und alle
die sind
wie du
für die
neue zeit
dieser welt

sie gehört uns

Cordelia van Dyke: Spuren

memento mori

*nur einmal noch
will ich suchen
deinen
namen*

*nur einmal noch
will ich fühlen
dein
haar*

*nur einmal noch
will ich rufen
deine
augen*

*nur einmal noch
will ich berühren
dein
gesicht*

*in meinen gedanken
abschied nehmend
von dir
ganz leise*

Cordelia van Dyke: Spuren

mein weg zu dir - I

*mein weg
zu dir
war lang
und doch
hat es sich
gelohnt
die mühen
die zeit*

*die stunden
in denen wir
plaudernd
nur
verweilten
gemeinsam
lachend
suchend*

*jeder
den anderen
verstehend
liebend
voller sehnsucht
auf mehr
doch es durfte
nicht sein*

Cordelia van Dyke: Spuren

*ein wort
von dir
hatte mich
erfasst
und mir
gezeigt
wohin
der weg*

*stütze
begleite
beschütze
mich nun
und hilf mir
gemeinsam
den weg
zu finden*

Cordelia van Dyke: Spuren

mein weg zu dir - II

mein weg
zu dir
den wir
vor jahren
beschlossen
zu gehen
und von dem
wir uns
nicht verdrängen
lassen

hilf mir
mich zu fassen
und stark
zu sein
durch dein wort
deine liebe
um das gut
der welt
die wir bewahren
erhalten
umsorgen
dass niemand
sie nehme
zerstöre
vernichte

Cordelia van Dyke: Spuren

mein weg zu dir - III

mein weg
zu dir
ist steinig
ist hart

ist voller
entbehrung
und doch unendlich
schön

endlich
zu befreien
meine last
abzuwerfen

hilf mir
mich zu fassen
zu finden
dich und mich

Cordelia van Dyke: Spuren

mein herz ist schwer

*mein herz ist schwer
nur zank und streit
warum nur gingst du fort
wandeltest umher
so unendlich weit
an jenen ort*

*wo ich dich nicht
erreichen kann
wo schmerz und sehnsucht
kein warten, kein licht
keine frau, kein mann
nur jene sorgenvolle frucht*

*des grauens, der angst
des zweifelns und wartens
der ungewissheit
und da du nicht bangst
nur ich fern des gartens
in dem wir uns fanden zu zweit*

*doch wie lang ist es her
warum kommst du nicht
zu schauen wie ich
nicht mehr suche verquer
und das schweigen bricht
nur für dich, für dich*

Cordelia van Dyke: Spuren

mein dank

*gilt nur ihnen
danke für alles
lassen sie mich ihnen
dies wort mitteilen*

*wie wunderbar sie sind
was sie teures geschaffen
wie stolz sie immer waren
wie großartig, wie klug, wie umfassend*

*ich werde es behüten
was sie und mich verbindet
was uns beiden zueigen
was uns treibt, was uns bewegt*

*lassen sie mich ihnen dies sagen
einen dank für alles
und wie kostbar und einzigartig
wird er sie immer begleiten*

dieser dank an sie

*ich werde nur gehen
wenn sie es wollen
und dann auch wird er
bei ihnen sein*

mein dank

Cordelia van Dyke: Spuren

heute nacht
[fragment I]

*wenn nur der sommer
die kälte nähme
die mein herz gefriert
weil sie und ich
so fort und weit
verschleppt einander
jeder suchend
und suchend nun*

*meine seele schreit
meine haut erblasst
mein sehnen ruft
ihren teuren namen
in meinen geist
und meine hand wird warm
und lächelt
entfliehend dem winter*

Cordelia van Dyke: Spuren

heute nacht
[fragment II]

langsam erwacht
der eiskalte morgen
wie an jenem tage
da sie mich empfingen
und meine augen
ihnen offenbarten
was mein herz verbarg
mein mund erstarb

langsam erwacht
das eisige schweigen
und die sonne lacht
mich siegreich an
will konservieren
ich gestatte es nicht
nur der augenblick
bleibt mir verwahrt

und die hoffnung
mehrt sich verstohlen
nimmt gestalt
der zuversicht an
mein blick wird nun
von diesen zeilen
begleitet allein
da sie schon fort

Cordelia van Dyke: Spuren

voraus eilten
mich hinterließen
in der sonne stehn
die mich verbrennt
meine augen schmerzen
meinen blick erkältet
und der schnee schmilzt langsam
von den händen ab

Cordelia van Dyke: Spuren

heute nacht
[fragment III]

was sie und ich
vielleicht schon damals
doch wohl geahnt
und niemand wagte
ein wort zu sagen

und doch sind wir
uns so begegnet
auch wenn es lange
zeit des wartens
des hoffens, sorgens

und viele mühen
entbehrungen
und welche angst
um sie und mich
kostete

wie glücklich sie
immer gewesen
wenn wir beide uns
die sparsamen tage
kostbar aufgehoben

und wieder
durchlebt
wie ein schatten
in dunkler
nacht

Cordelia van Dyke: Spuren

heute nacht
[fragment IV]

nur dies gespräch
heute nacht
war
als zärtlichkeit
zwischen uns
zugelassen

nun endlich
sind sie befreit
von jenen sorgen
die uns gemeinsam
scheinbar
entzweit

und doch gestärkt
gefestigt
haben
da wir beide
heute
für einen traum vereint

und wann wir nun
den andern fragend
wie dürfen wir
dies nun gestehn

Cordelia van Dyke: Spuren

*was wird
geschehn
und was getan
damit der augenblick
bewahrt*

*nur der
moment
ist schon vorüber
noch ehe er
gestohlen war*

*der zeit
von der wir sagen
dass sie lächelnd
und ohne
zaudern spricht*

Cordelia van Dyke: Spuren

heute nacht
[fragment V]

als wir heut' nacht
zusammen schritten
über jenen platz
da wir so oft
schon plauderten
gemeinsam
hand in hand
an ihrer seite

und unsere blicke
ihre augen
und mein lächeln
sich nun trafen
da wir zwei
nun ganz allein
endlich nun
sind wir vereint

und nicht allein
mit unsren zweifeln
und unsrem zögern
so verspielt
oder naiv
und voller hast
weil niemand zeit
hat uns zu fragen
...